Monolith

Gunnar Berndt

Monolith
Gedichte und Fotografien

Books on Demand GmbH Norderstedt

Bibliografische Information der Deutschen Nationalbibliothek
Die Deutsche Nationalbibliothek verzeichnet diese Publikation in der Deutschen Nationalbibliografie; detaillierte bibliografische Daten sind im Internet über http://dnb.d-nb.de abrufbar.

Impressum

copyright "Monolith" Gunnar Berndt, 2018
1. Auflage 12.2018

Herstellung und Verlag
BoD- Books on Demand, Norderstedt

ISBN-13: 9783752856590

Für Euch.

In Liebe für Mathilda, Leo
Christina,
meine Eltern
und
meine Freunde.

An Kafka

Es wird allmählich Nacht.
Keine Sterne auf der See.
Das Mobiltelefon ist längst weggeworfen.
Die Augen geschlossen.
Die Furcht bekämpft.
Endlose Gedankengänge,
die sich immer nur im Nebelhauch
des kalten Morgens verlieren.
Den Geschmack einer gottverlassenen
Landschaft auf den Lippen.
Den von Prypyat vielleicht oder den Berlins.
Keine Zigaretten mehr.
Kein seelenloser Sex.
Die Askese vor dem Sturm.

Die Hausschuhe sorgsam von den zerfallenen
Käfern befreit,
dann abgestellt und vergessen.
Die Stirn fest an das scheibenlose Fensterloch
gedrückt.
Mehr und mehr das Innere versponnen.
Zur Motte verpuppt.
Vorsichtshalber schon das Licht gelöscht.

Schnee

Der Schnee fällt unablässig still.
Er malt den Abend weiß.
An den Fenstern stehen die Kinder,
starren staunend,
leis'; ganz leis'.

Bedeckt sind schon die Straßen
und auch das Gräberfeld.
Wo mögen nur die Vögel schlafen,
wenn selbst die Geister frierend gehen'.
Es scheint als schweige still die Welt.

Und aus dem Osten weht ein Wind,
der streicht die rauen Äcker glatt
und dringt ganz tief
durch Mark und Bein
und alle, die noch draußen sind,
sehnen sich nach Feuerschein.

Im Schwarz des Weins versinkt mein Blick
und schwer sind die Gedanken.
Doch tief im Inneren brennt noch Licht,
das trotzt der kalten Hand,
das hält mich selbst jetzt im Gleichgewicht
und lässt mich nimmer wanken.

Die Verwandlung

Läge ich jetzt doch nur im Schnee!
Allein. Am schwarzen Bach.
Ich betrachtete mir den bleifarbenen Himmel;
mit halb geschlossenen Augen
lauschte ich der Stille der fallenden Flocken.

Irgendwann fände ich mich wieder,
als eine Art atmender, weißer Hügel.
Ich fände mich wieder,
in einer Art kaltem Kokon.
Ich fände mich schweigend. Wartend.
Ein Puppenstadium.

Im Frühling dann,
wenn die Sonne den Schnee zerschmilzt,
würde damit alles Kranke herausgewaschen
werden
und stumm versickern
im neuen Erdengrund,
über den sich nun ein leuchtend bleicher
Schmetterling
fast geisterhaft erhöbe.

Das Kind bin ich

Am Brunnenrand, das Kind,
bin ich.
Die Hände sind ganz schwarz vom Spiel,
die feine Haut,
der frohe Blick,
eine Knospe, unverblüht und rein; eine Lilie am
See;
ungepflückt.

Noch sind die Gräser frühjahrsgrün
und das Leben scheint zu singen.
Es singt sein vielleicht schönstes Lied -
für mich.
Am Brunnenrand, das Kind,
singt auch.
Ein Lied, das nie mehr von mir wich.

Pusteblumen wehen über weite Äcker.
Schwalben tanzen durch die Luft;
alles riecht;
nach Aufbruch und
nach warmem Licht.
ein wundersamer, junger Duft.

Am Brunnenrand, das Kind,
schaut in den Himmel.
Es kann sich nicht satt sehen an dem Blau;
an dieser endlos weiten Sicht.

Schatten spielen Fangen auf den Büschen
und malen alte Bilder auf den Grund.
Die Blätter rauschen an den Bäumen und
am Brunnenrand, das Kind,
hört ganz fest zu,

wie der Sommer zu ihm spricht.
Es schließt die Augen,
schließt seinen Mund,
lauscht voll Vertrauen,
lacht noch einmal und entschwebt;
verweht im Strom der Zeit
und streut sich nieder wie ein Staub
auf die Felder und die Auen;
schwindet ohne Bitterkeit.

Medizin

Hier am kalten, kahlen Strand,
weht ein wilder Wind
und mit meiner blassen Hand
greife ich nach der purpurnen Sonne,
beinahe wie ein Kind.

Dem Spülsaum folg' ich in die Ferne.
Er legt mir eine weite Spur.
Dem Nordseerauschen lausch' ich gerne,
bin ich hier doch frei,
von Menschen, Druck und donnernd düst'rer Uhr.

Im Bernstein bündelt sich das Licht,
fällt warm in meinen fernen Blick.
Den Tanz der Wellen störe ich nicht,
auch nicht des Sturmvogels Gesang;
nicht einmal das Wurmgegglucke
tief unter mir im schwarzen Schlick.

Hier am Strand liegt meine Medizin;
tief verborgen in des Meeres bittersüßer Weh.
Und all das,
was gerade noch so wichtig schien,
verliert sich rasch im Kuss von Grau und Grau am
Horizont,
den ich im Herbst so gerne seh'.

Am Morgen

Ein klarer, kalter Wind umweht den neuen Tag.
Über den noch schwarzen
Tannenspitzen
erbricht sich ein gewaltiges, blutrotes Leuchten
in die Welt,
dass es selbst den Krähen das Krächzen verschlägt.

Ein zersplittertes Gesicht
spiegelt sich auf der frostig, blauen
Oberfläche der winterlichen Mühlenau;
ganz so,
als sei es einst ein Mensch gewesen.

Da ist etwas,
das zwischen den Dingen wirkt.
Man kann es beinahe sehen;
immer dann,
wenn sich der Blick endgültig
in der Ferne zu verlieren droht.

Mein Atem schneidet Scheiben aus der Luft.
Und immer kreisen die Gedanken um die,
die aus der Welt gefallen sind;
um die unvergossenen Ströme der ungeweinten
Tränen
knapper Stunden
und um das eine Meer,
das jedes Menschen Namen kennt.

Am Waldrand
malt das neue Licht die Tannenspitzen wieder
grün.
Auch mein Blick kehrt zu mir zurück;
lässt ab von der Ferne;

und abermals bricht von mir ein Stück,
das lass ich liegen,
bleibt es doch so gerne hier.

Das Gesicht im Bach ist davongeflossen;
längst schon ist nichts mehr zu sehen.
des Himmels Rot entschwindet an einen neuen
Ort,
an dem andere Gedanken kreisen
und andere Geister gehen.

Der letzte Gott

Ich treibe durch das All;
auf meiner Erde,
in meinem Fell.
Das Fleisch um meine Augen
trägt einen violetten Hauch;
das Kleidchen des Schlaflosen.

Die Kälte des ewig nebelverhangenen Morgens
schneidet tiefe Furchen
in mein Gesicht;
mein sich zersetzendes Weltbild auch.
Als zerfiele meine Seele zu Staub,
als würde sie Windfutter,
Dreck auf fremden Fensterscheiben,
den es wegzuwischen gilt.

Die Menschen irren leer durch trübe Städte,
immer auf der Suche nach den heimlichen Blicken
ihrer Schatten,
nach ihren fifteen minutes of fidelity;
stumm hoffend auf eine wärmende Hand,
nach einem guten Wort.
Auch sie treiben durch das All.
Auf meiner Erde.

Ameisen alle!
Läuse in meinem Fell!
Furchenwandler für meine Augenhaut.
Totengräber ihrerselbst.

Bräche doch nur ein Licht
aus dem Innersten nach außen,
öffnete es doch die Augen dieser Blinden,
nähme doch ein wacher Geist

sie einmal noch an seine Hände;
ich zöge aufrecht stehend weiter
in die nächste Welt.
Allein,
der Kern scheint kollabiert.

Ohne Titel

Es krankt die Nacht,
sie friert und zittert.
Ein blasses Kind in düsterem Kleid,
hält fiebrig bebend, wie trunken die Wacht.

Die Haut ist schon ganz wund gerieben,
mit schwarz die Äuglein fein umrandet,
so kauert sie in allen Ecken,
von schlimmen Träumen stets getrieben.

Die Hunde ziehn die Schwänze ein,
sie ahnen, was bald folgt.
Der letzte Freier zahlt die Zeche
und kehrt ganz schamvoll wieder heim.

Ein Trunkenbold ersäuft im Hafen,
er stört den Tanz der Wellen nicht.
Der Pastor löscht das Kerzenlicht,
dann legt auch er sich leise schlafen.

Die Eule schaut hinab zum Grund,
im Dunkel sieht sie gut;
sieht Schatten huschen, Geister gehn,
in stillen Winkeln Huren stehn;
hört manchen wilden Schwur
aus manchem wilden Mund.

Es krankt die Nacht, das blasse Kind.
bald kann es etwas ruhn;
wenn laut der Hahn den Morgen grüßt
und all die Geister, Trinker, Schatten,
im Tageslicht verschwunden sind.

Reife

Hinter dem bläulich fröstelnden Grün der noch
dicht belaubten Bäume
lauert bereits der feuchte Atem des Vergehens.
Ich rieche es in der Luft.
Ich spüre es in meinen Träumen;
in den Träumen vom Vergraben,
in den traumlosen Träumen auch.

Es wohnt eine schwere Reife in allen Dingen;
im Fleisch der Menschen,
in der Frucht der Bäume,
die so satt und so voll
sich der Erde entgegen neigen,
dass man meint,
sie beugten ihr Haupt
allesamt in einer unwirklichen Hoffnung auf
Erlösung.

Eine blaue Kälte kriecht aus den Feldern,
überwältigt den noch spinnennetzbewährten
Grund
und schleicht sich wie ein grimmes Gift in unserer
Felle Knochen,
durch unsere Münder tief in unsere Herzen ein.
Abermals ein Jahr gelebt,
abermals den Blumen beim Blühen
und dann beim Welken zugesehen.
Abermals machtlos, bloß staunend;
still ergeben dem, der dieses Spiel geschehen
macht.

Vor diesem einen ebenso demütig verneigt,
wie es die reifen Bäume tun;
dann barfuß, bunte Schmetterlinge fressend,

auf dem kahl geschorenen Felde stehen.
Ins Sonnengold,
ins Spinnennetz,
ins feuchte Gras entschwinden,
um schließlich dann,
in aller Stille,
Vergebung im Verfall zu finden.

Monolith

Ich bin ein dunkler Monolith.
Ein Überrest aus alter Zeit.
Begrenzt in allem,
wie man sieht.
Hier steht eine alte Seele
in einem ewig alten Kleid.

Schau',
der Efeu rankt an mir empor;
der grimme, grüne Freund,
der alles Lebende verschlingt,
der die finsteren Geschichten birgt,
und alten Mauern Schatten bringt.

Und hör' nur!
Selbst die Raben kennen meinen Namen.
Im Herbst da rufen sie ihn oft.
Der klingt als Echo durch die Wälder,
vergiftet so ganz schleichend
die Seele dessen, der noch hofft.

Nur der Himmel bleibt derselbe.
Er wechselt nicht das Fell.
Er tauscht nur Licht
von finsterschwarz bis sonnenhell;
zeichnet uns ein Kindsgesicht.

Ich bin ein dunkler Monolith;
ein blinder König im Verlies.
Mit Geistern in den Träumen
und Ewigkeit im Blick.
Ich finde stets nur was mich flieht;
des alten Mannes Paradies

Aus dem feuchten, schwarzen Frühjahrsboden
bricht ein Leib dem Licht entgegen.
Der Morgen graut
in sattem Blau und grellem Weiß
und ringsherum beginnt das Leben
sich in neuer Pracht zu regen.
Sirren, surren, Herzschlag, gurren;
Zwitschern, rascheln, lauschen, schweigen.
Die Knospen,
die sich ostwärts neigen
und auch nach Osten neigt der Leib sein Haupt;
öffnet klebrig Aug' um Aug'
und weint um diese ird'ne Pracht;
streckt seine Glieder für und für
streift sich einmal mehr die Mutter von der Haut;
verlässt den ewig alten Schlaf,
das lang vergessene Waldesgrab.

Der Käfer schweigt auf seinem Ast.
Der Uhu macht vom Jagen Rast.
Der Tau verdampft im Morgenlicht.
Die Fliege sieht die Spinne nicht.
Und nur ein stummes Loch im frühjahrsfeuchten,
schwarzen Boden,
nährt mahnend das Gerücht:

Der König ist zurückgekehrt.

Auflaufendes Wasser

Grau und mächtig
türmt sich der ewige Himmel
über den schwarzen Watten auf.
Tief versunken wate ich
durch den kalten Grund.
Der Wind zerfurcht mir Haar und Gesicht
und die Stimmen vom Ufer her erreichen mich
nicht.

Das Salz in der Luft
frisst Löcher in das dünne Pergament,
das mir die Knochen fest ummantelt;
befreit so den Geist aus seiner Zelle,
lässt ihn mit den Möwen ziehen,
die pfeilschnell,
nur mit ihren Flügelspitzen kurz
die Wasseroberfläche berührend,
den Horizont durchpflügen.

Und wenn die Sonne dann,
nur für Augenblicke,
die gewaltigen Wolken zerreißt,
dann finde ich zurück zur Demut vor der großen
Mutter.

Meine Gedanken tropfen in die Priele,
bis nichts mehr übrig ist,
außer der See und dem reinen Wesen der Dinge.
Alle Last fällt von mir ab;
rollt sich im Schlick zusammen
und wartet auf die hungrigen Krebse
und die gierigen Würmer;
wartet auf das Wasser, das all das,
was ihm jemals anvertraut wurde,

stets sicher und fest eine Ewigkeit lang verwahrt.

Doch das was bleibt,
beginnt beinah wie schwerelos zu schweben,
eine Handbreit über dem Boden vielleicht.

Das was bleibt,
findet Frieden beim Spiegelblick in die Augen des
Vaters,
beim Betrachten des eigenen Bildes
in der beginnenden Flut.

Naturkunde

In Ihren Gläsern hocken sie,
ganz eingelegt in Formalin
und glotzen die Besucher an,
mit formaliner Disziplin.

Vielleicht sind sie Afrika geboren,
im Dschungel,
in Indien zur Regenzeit.
Jetzt hocken sie in Einweckgläsern,
verdammt zur Ewigkeit in Berlin.

Sie weiden sich wohl an dem Schauer,
den ihr Anblick uns bereitet.
Sie wissen,
nichts hier ist von Dauer,
da hilft auch beten nicht und fluchen.
Es hilft auch keine Medizin.

So hocken sie in ihren Gläsern,
glubschäugige, kleine Memento mori
in einem Hauch von Terpentin.
Und wenn sie könnten,
lachten sie uns aus,
ob unserer dümmlich kleinen Daseinsutopien.

Das Erwachen

Der alte Nebel kriecht durch die tiefen Wälder,
wie ein vergessener Krieger;
lässt nur die Gipfel der Sandsteinberge unbedeckt.
Der klare Bach fließt nach Gottweißwohin
und nur die Libellen wissen wirklich wo das ist.

Der Morgen ist schwül, er schwitzt;
Doch der Himmel ist dichtverwoben grau.
Es scheint als seien die Dinge
lediglich einen Augenblick davon entfernt,
dass die Welt sie machtvoll von sich schüttelt;
sich dieses Kleid vom Leibe reißt,
um befreit,
um berauscht die eigene Anmut zu genießen;
um die Krankheit, ganz wie nebenbei, im
Handstreich fortzuwischen.

Alles fiebert, flirrt, vibriert.
Ich kann es spüren.
Fast körperlich spüren.

Dann,
als niemand mehr darauf zu hoffen wagt,
zerreißt ein unsagbares, ein warmes Weiß
den dichten Nebelteppich,
um den Libellen am Bach
für ihren langen Weg die Flügel sacht zu trocknen.

OT (Ein weiterer Sommer)

Die Luft ist still
und ich bin es auch.
Meine Augen folgen dem verzweifelten Tanz der
Mücken
im fiebrigen Sonnenlicht.
Ach, es liegt ein warmes Dunkel auf diesen Tagen.
Ein faulig, süßer Hauch.

Die blasse Au fließt träge in den Hafen.
Sie flüstert heimlich, ganz verstohlen
von der Anmut der Sterne,
die sich nachts auf ihrer Oberfläche spiegeln.

Ein Pärchen küsst sich wild im dichten Gras
und bleibt dann doch nur Käferfraß;
ein mildes Lächeln auf meinen Lippen;
ein neidvoller Gedanke.
Durch solche Nächte ziehen ungeträumte Träume,
wie Nebelschwaden durch die Luft.
Von ihren Träumern nie geahnt
und längst vergessen,
sind sie so frei wie Vögel -
am Ende doch nur vogelfrei.

Die Gräser sind schon hoch gewachsen,
hier singen Schmetterlinge stumm,
ihr Lied der Felder voll von Licht,
dem keiner sich entziehen kann.

Einzig der Grund ist voller Narben,
Schritt um Schritt durchs Unvernäht,
birgt jeder Sommer längst das Welken,
den kalten Wind,
der uns verweht.

Ohne Titel

Es ist als fräßen Ameisen Tunnel durch meine
Seele.
Für Ewigkeiten ist kein Mensch gemacht.
Die Welt wird nicht bemerken,
wenn ich fehle;
wenn weiterhin die Wälder rauschen,
die Geister durch die Nebel gehen
und hier und da die Sonne lacht.

Die Erde, der ich einst entstiegen,
wird wieder fordern, was ihr längst gehört.
Und dennoch:
Heute kann ich fliegen. Fliegen!
Einen Augenblick lang bin ich frei,
frei von Schwere; unerhört und ungestört.

Überall umgibt es mich;
dieses sonderbare Wandeln von Wachsen und
Vergehen;
im roten Mohn am Wegesrand,
von dem ein Wind die Blätter strich,
und der sich nur im eigenen Vergehen sät.
Ich finde es im Blick der Alten,
aus dem nie ganz der Kinderaugen Zauber wich.
Ich finde es.

Es findet mich.

Was bleibt von mir in hundert Jahren?
Bin ich dann noch immer ein Gedanke
in irgendeines Menschen Kopf?
Ein Flüstern bloß,
ein Wellenschlag,
eines müden Vogels Wehgesang?

Oder habe ich dann nie gelebt;
bin nie gewandelt Nacht und Tag?
Habe ich dann nie geatmet, nie geliebt?
Habe ich dann niemals nach den Sternen, den
unendlichen,
mit all meiner Sehnsucht Macht gestrebt?

Habe ich dann nichts gelitten?

Was ist es nur mit diesem Leben,
dass es sich stets so anfühlt,
als ginge ich's mit fremden Schritten.

Der blanke Hans

Trüb.
Horizont und Grund teilen sich die Farbe.
Oben, unten – alles gleich.
Kalter, feuchter Boden.
Weicher Tritt.
Drohendes Versinken aller Dinge.

Jetzt gäbe ich mich so gerne her,
für einen Augenblick voll wilder Lust,
für die vergängliche Wärme eines fremden Fells.
Vielleicht auch nur für das gute Wort
eines Unbekannten;
vielleicht für etwas zusätzlichen Schnaps,
der das Innere betäubt.

Der Pfad ist verloren.
Das letzte Geld und Deine Fotos auch.

Seenebel. Geisterfinger.
Die Stimmen der Namenlosen flüstern in der Luft.
Die See ist mir Braut und Henker zugleich.

Schmutzig, müde und trunken,
in einem leckgeschlagenen Kahn sitzend,
erwarte ich feldherrengleich,
längst tödlich getroffen,
die Flut,
die sich unweigerlich über das gierig schmatzende
Watt erhebt,
um sich zu nehmen,
was immer schon das ihre war.

Nachts im Hostel

Traurig wehen die Geister über die Flure.
Vollkommen unbeachtet
von den energydrinkverseuchten Kindern
hinter den schweren Zimmertüren.
Still hauchen sie sich an mir vorbei;
auf ihrer verirrten Suche nach Erlösung,
nach einem guten Wort,
nach dem richtigen Flur,
nach ihrem alten Bett.
Doch es ist kein Platz mehr für sie da.
Nicht für die ehemalige Schönheit im Bademantel,
nicht für den volltrunkenen Tom Waits-
Stimmenimitator,
nicht für das lustige Skelett unter der Kapuze.

Sie lösen sich auf;
im WLAN Müll der durch den Äther wabert;
Sie lösen sich auf wie Primark Kleidung nach dem
ersten Mal
waschen;
Sie schwinden,
so wie alle wunderbaren,
alle naiven Dinge schwinden.

Es bleibt ein geistig nüchtern, trunken,
melancholischer Blick
Hinab in den quadratisch angelegten Hinterhof,
mit seinen morschen Tischen
und dem Hinweisschild,
dass man doch die einzige Topfpflanze hier
bitte nicht als Aschenbecher missbrauchen möge;
nur ohne „bitte".
Es bleibt die Sicht auf die waschbetonverkleideten
Balkone

der umstehenden Wohngräber;
Es bleiben unverständliche Gesprächsfetzen,
die wenigstens in den verschiedensten Sprachen
für immer durch das All treiben.

Im Gedankenwust aus all dem,
was noch zu tun ist,
dem was zu lieben bleibt,
den Geistern um mich
und dem sicheren Gefühl,
die Dinge niemals richtig anordnen zu können,
sehnt sich mein Kopf nach tiefem Schlaf,
verbunden mit der festen Hoffnung
auf ein identisches Morgen.

Über das weite Meer zum Licht

Das dunkle Wasser schwappt hinauf zum Kai;
von Ferne hallt ein Möwenschrei.
So zieht hinaus zur Nacht mein Sehnen,
auf diesen alten, morschen Planken.
Nur was fort ist, ist auch frei.
Salz und Diesel nähren die Gedanken.

Und unter Deck dröhnt grimmig die Maschine
Es knarzt und rattert wild der Stahl;
auf das sie uns noch lange diene!
Als führe sie auf gerader Schiene
immer nur dem Wunsch entgegen,
wie ein eisern, dampfend, schwarzer Wal.

Am Horizont bricht neu der Morgen.
Der führt mich an den Rand der Welt.
Im Koffer trag ich meine Sorgen,
ein Mädchenfoto, etwas Geld -
das will sich niemand von mir borgen,
weil niemandem mein Fleisch gefällt.

Und dennoch bin ich angekommen!
Am letzten Flecken der bekannten Welt;
Ein nackter König unter tausend Sonnen.
Allem Irrsinn dieser Tage, aller Leere, meinem
Spiegel;
ein für alle Mal entronnen.

Danke.

www.gunnar-berndt.jimdo.com